Mars 1923

BROCHURE MENSUELLE

PARAIT LE 15 DE CHAQUE MOIS

Rédaction et Administration : BIDAULT, 39, Rue de Bretagne, Paris-3e

Téléphone : Archives 65-24 — Compte Chèques Postaux Paris 239-02

HAN RYNER

UNE CONSCIENCE pendant la Guerre

L'Affaire Gaston Rolland

EDITIONS DU

Groupe de Propagande par la Brochure

En dépôt : LIBRAIRIE DES VULGARISATIONS

Sociales, Scientifiques, Littéraires

39, Rue de Bretagne — Paris-3e

CATALOGUE DES BROCHU[RES]

en Vente à la

LIBRAIRIE DES VULGARISATION[S]

BIDAULT, 39, Rue de Bretagne, Paris-3e
Ouverte tous les jours de la semaine, de 14 à 19 heu[res]
Les dimanches, de 9 heures à midi.
Compte Chèque Postal : Paris 23902
Téléphone : Archives 65-24

***. — **Les Anarchistes et le Cas de Conscience**	0 25
***. — **Centralisme et Fédéralisme**	0 40
ALBERT (Charles). — **Aux Anarchistes qui s'ignorent**	0 20
ALMEYREDA (Miguel). — **Le Procès des Quatre**	0 15
ARMAND (E.). — **L'Anarchisme comme Vie et comme Activité**	0 05
DUBIEF (A. du). — **Poèmes contre le Crime**	0 10
BLANC (Louis). — **Quelques Vérités économiques**	0 10
BOGGA (A.). — **A bas l'Argent**	0 30
BOSSI (E.). — **Jésus-Christ n'a jamais existé**	0 20
BRIAND (A.). — ***Pages choisies d'Aristide***	0 10
CHAUGHI (René). — **La Femme esclave**	0 15
— **Immoralité du Mariage**	0 30
DELAISI (F.). — **Contre la Loi Millerand**	0 10
DELESALLE (Paul. — **La Confédération Générale du Travail**	0 30
DELZANT (Ch.). — **Le Travail de l'Enfance dans les Verreries**	0 10
DEVALDÈS (Manuel). — **Réflexions sur l'Individualisme**	0 20
DUNCAN (Raymond). — **La Musique et l'Harmonie**	0 60
— **Les Moyens de Grève**	0 60
— **La Danse et la Gymnastique**	0 60
— **Prométeus** (Les Grands Crucifiés)	1 50
ELOSU (Dr F.). — **Le Poison maudit : l'Alcool**	0 25
FAURE (S.). — **Tous ensemble**	0 30
— **La Question des Loyers et Vie chère**	0 05
— **La Poussée réactionnaire**	0 15
— **Douze preuves de l'inexistence de Dieu**	0 30
— **Réponses aux paroles d'une croyante**	0 30
— **La Ruche**	0 30
— **Problème de la Population**	0 15
— **Les Crimes de Dieu**	*à paraître*
— **Ce que nous voulons**	—
— **Mon opinion sur la Dictature**	0 40
PROPOS SUBVERSIFS :	
— 1. **La Fausse Rédemption**	0 35
— 2. **La Dictature de la Bourgeoisie**	0 35
— 3. **La Pourriture parlementaire**	0 35

Gaston Rolland

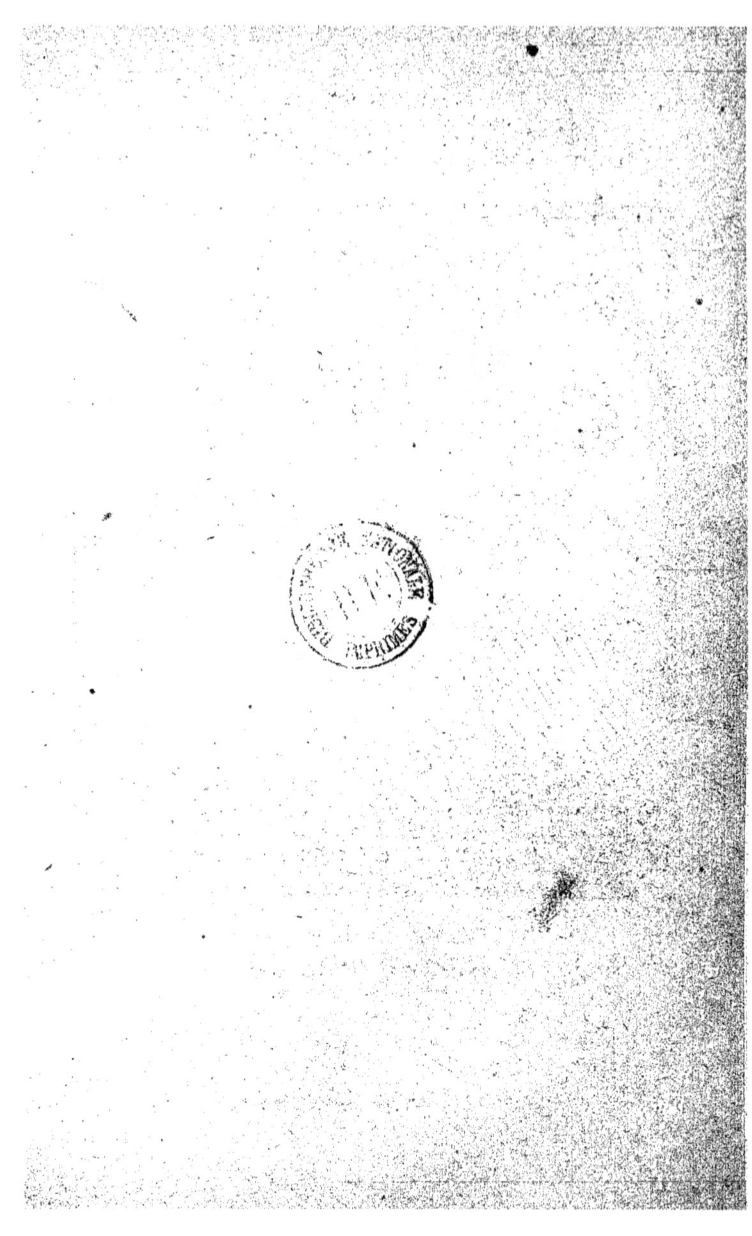

L'AFFAIRE GASTON ROLLAND

Quand un petit nombre de braves commença la campagne pour la libération de Gaston Rolland, de plusieurs côtés — oui, à gauche aussi — on essaya de les décourager.

— Rien à faire, leur dit-on. Gaston Rolland est coupable.

Les plus inintelligents et les plus généreux ajoutaient avec un geste d'impuissance :

— Coupable aux yeux de la loi.

Ils auraient pu préciser davantage : Gaston Rolland est condamné par une loi d'aujourd'hui qui n'existait pas hier et qui, nous l'espérons, disparaîtra demain ; par une loi de France qui ne sévit pas en Angleterre ni en d'autres pays humains.

Il nous est arrivé, opposant à la basse et lamentable réalité, une vérité hautaine de répondre :

— C'est la loi qui est coupable envers Gaston Rolland.

Mais la loi n'est pas seule à sortir déshonorée d'un loyal examen de l'affaire. Elle n'est pas seule à s'être manifestée injustement, lâchement et cruellement persécutrice contre un honnête homme, contre un homme généreux, contre un homme héroïque.

En deux séances écœurantes et par une condamnation monstrueuse, les juges militaires se sont montrés pires que la plus scélérate des lois.

Ils ont condamné Gaston Rolland trois fois plus que tel autre impliqué dans la même affaire et qui était allé plus loin sur le chemin de l'illégalité. Mais cet autre n'avait pas obéi à des mobiles nobles ; mais cet autre s'était montré lâche à l'instruction et à l'audience. Les juges se vengeaient-ils de se sentir humiliés par la supériorité de Gaston Rolland ? Eprouvaient, ils une sympathie fraternelle pour le cœur vil, égoïste et tremblant d'un Raymond Bouchard ?

Plusieurs fois (une eût suffi si on s'était adressé à des gens honnêtes ou qui veulent le paraître) on a appelé l'attention de nos gouvernants sur une condamnation infâme pour toutes les consciences, excessive pour le plus lourd et le plus impitoyable des bourgeois qui consent à examiner la cause. Chaque jour de détention de Gaston Rolland, depuis le premier appel aux ministres et au Président de la République, est une honte sur notre gouvernement. Par pitié pour ce que ces gens là osent appeler la France, comme par justice et par admiration pour Gaston Rolland, on voudrait la faire cesser.

Un simple exposé des faits prouvera au lecteur de bonne foi la nécessité de délivrer au plus tôt le prisonnier ; entraînera le lecteur qui a une conscience à travailler de toutes ses forces à cette nécessaire libération.

Il nous la faut, et promptement, pour notre propre honneur. Pour que nous rougissions un peu moins d'être des hommes, d'être des Français, d'être les contemporains de tant d'ignominie. Pour que nous sentions un peu moins douloureusement l'infamie de la loi qui condamne vertu, vaillance, désintéressement, humanité. Pour que nous puissions amnistier enfin et oublier les juges à qui la loi permettait une indulgence relative et qui, rageusement, ont frappé noblesse et courage comme des ennemis personnels ; oublier et amnistier aussi l'infamie de ceux qui détiennent le droit de grâce et qui, faciles envers les pires mercantis, deviennent implacables quant la libération ne serait point faveur, mais tardive et insuffisante justice.

Que notre nombre grossissant et notre action de plus en plus ardente arrache enfin à ces misérables un geste qui devrait être fait depuis longtemps. Sera-t-il nécessaire d'éperonner de vergogne les individus, les groupes, les organisations qui se désintéressent négligemment d'un particulier s'il n'est point de leurs amis personnels ou de leurs membres ?...

« Il ne s'agit que d'un cas particulier, d'un individu. » Qu'y a-t-il donc à la place du cerveau et du cœur chez ceux dont de telles considérations refroidissent le zèle ? Où ont-ils jamais rencontré autre chose que du particulier et de l'individuel ? Le général, le collectif, quel intérêt offrirait-il, s'il ne faisait du bien ou du mal à des individus ? Abandonner l'individuel et le particulier, — il serait temps de s'en apercevoir, — c'est tout abandonner. Ces négligences et ces trahisons de détail, — comprenez donc enfin ! — c'est d'elles qu'est fait le succès du fascisme italien et de la réaction mondiale. Tant que nous oublions de protester et d'agir contre chaque injustice, nous sommes des vaincus et qui méritent leur défaite. Les plus larges victoires, si le hasard malicieux nous les donnait, ne seraient qu'apparences. La Révolution même, à quoi servirait-elle, qui ne ferait que changer les noms et les personnes de nos tyrans, de ceux à qui notre sottise et notre inertie continueraient à livrer le détail, c'est-à-dire tout ?...

♣

Marseille. Octobre 1916. Une soirée de tempête. On frappe à la porte de Gaston Rolland. Il va ouvrir.

Devant lui, un être minable. Ses légers vêtements usagés ruissellent. Il tremble de fièvre, de froid, de peur. Il balbutie, affolé. Il s'agite, comme une bête traquée. Il pleure qu'il a faim, qu'il tombe d'épuisement, que le conseil de guerre le guette ; il pleure qu'il est sans argent, sans domicile, sans amis.

Cet être misérable, abandonné de tous, en proie à toutes les terreurs, Gaston Rolland le connaît à peine.

Mais il s'émeut dès que — comme il dira pathétiquement — il voit en un homme « de la matière qui souffre ». Il fait entrer celui-ci, lui apporte des vêtements qu'il ne lui reprendra pas, le réchauffe à son feu, l'assied à sa table, prépare sa couchée, lui donne nourriture, abri, repos, sécurité.

Le temps nécessaire pour que l'hôte imprévu reprenne des forces, trouve des moyens d'existence, se procure des papiers protecteurs, Gaston Rolland l'hébergera.

On le devine déjà et on le verra par toute la suite de ce récit, Gaston Rolland est un cœur de pitié et qui s'attendrit efficacement sur toutes les infortunes.

Et puis Bouchard est un pauvre diable de déserteur. Recommandation puissante auprès de Rolland, « insoumis par principes », ami de quiconque, pour n'importe quelles raisons, recule devant la laideur de tuer. Rolland, heureux chaque fois qu'il peut soulager une souffrance, goûte double joie à sauver un réfractaire.

Bouchard s'attarde peu dans l'hospitalière demeure. Il part en déclarant vaguement qu'il a trouvé du travail. Jamais il ne daignera donner de ses nouvelles. Un jour, pourtant, par un camarade rencontré, on apprendra qu'il a quitté la France.

Le déserteur, en effet, a réussi à gagner l'Espagne.

Ce pauvre être, qu'un rapport médical nous représente comme « morphinomane, éthéromane, cocaïnomane et mythomane », est incapable de tenir en place. Il n'est que démangeaison et bougeotte ; que nostalgie, fuite du réel, course vers les mirages. Toujours mal où il se trouve ; toujours bien en espérance, là-bas, plus loin.

Le voilà qui abandonne le pays neutre, où il souffre, sans doute, d'être en sûreté. A l'aide de faux ordres de transport, il retraverse la France. Il a la chance de franchir la frontière suisse. Son humeur inquiète le harcèle, le chasse de Genève comme de Barcelone.

Quelque temps, ce demi-fou multiplie impunément les imprudences. Le danger inutilement affronté l'exalte. Et sa vanité rêve qu'un accident sur lui frapperait à la fois quelques autres hommes.

Notre imbécile finit par se faire arrêter à Evian.

Alors le « mythomane » de bavarder au hasard devant l'officier instructeur, de compromettre avec indifférence ou malice tous ceux qui l'ont secouru, tous ceux qu'il a rencontrés, et jusqu'à des gens dont il connaît à peine le nom.

Il compromet le théoricien individualiste E. Armand, avec qui il n'a jamais eu le moindre rapport. Il compromet son ami Carrière, qui se tirera d'affaire à grand frais de mensonges, de lâchetés, de basses complaisances pour une instruction de mauvaise foi et une justice haineuse. Il compromet Roberto Dorderis, à qui il doit d'avoir trouvé, delà les Pyrénées, un refuge que sa maladive sottise a seule empêché de devenir définitif. Enfin, avec toutes les joies de l'ingratitude, ce soulagement et cette revanche, il dénonce l'hôte qui, à Marseille, l'a abrité, nourri, habillé, sauvé.

La maison de Gaston Rolland s'est ouverte à d'autres malheureux. Le livrer — quel enivrement pour la volonté de puissance d'un imbécile et d'un lâche ! — c'est livrer, d'un seul coup, plusieurs camarades, C'est détruire le bon refuge dont on a profité et où l'on trouve intolérable, maintenant qu'on souffre, que d'autres s'apaisent et s'épanouissent. Ah ! non, ils ne jouiront pas de la liberté et de la chaude amitié, les copains, pendant que le noble Bouchard se ronge en prison...

Il y a peut-être des presciences. Elles nous avertissent trop faiblement ou trop tard. Gaston Rolland sent un danger sur lui,

La vieille inquiétude de ses amis qui lui conseillent avec une force grandissante de quitter la France ne l'avait jamais ému. Aujourd'hui, elle le trouble, le persuade, l'envahit. Il prépare son départ. Le faux état civil espagnol qui, depuis trois ans, lui permet de travailler honnêtement, ouvre devant le prétendu Antonio Raspiol la fuite vers les neutres. Tout est en règle. Gaston Rolland — ou plutôt Antonio Raspiol — revient des dernières courses indispensables. Ses amis l'attendent chez lui pour le plus affectueux des adieux. Il va les retrouver, puis prendre le train libérateur.

Il glisse la clé dans sa serrure. Brusquement, d'on ne sait quelle embuscade, des policiers bondissent. Maintenu et brutalisé, Rolland se redresse, va plastronner. Hélas ! les larmes crèvent ses yeux : il voit, arrêtés comme lui, ses amis et sa compagne.

Un premier interrogatoire en délivre plusieurs. Rolland et trois autres — déserteurs ou insoumis — sont enfermés au Fort Saint-Nicolas.

Le Fort Saint-Nicolas est peut-être la plus sordide entre les sordides prisons militaires de notre humaine République. Parmi tant de sentines sales et vermineuses, celle-ci est célèbre pour sa vermine et son ordure.

Quelques jours dans ce fumier épuisent le malade que fut toujours Gaston Rolland, le couvrent de poux, le damassent de gale. En cet état, on le transporte à Grenoble sous les préventions d'insoumission, de recel de déserteurs, de faux en écritures authentiques et publiques et d'usage de faux.

Une nuit sans sommeil et passée à se gratter succède à d'autres nuits blanches et aussi agréablement occupées. Au matin, on conduit le prisonnier à l'officier instructeur.

Celui devant qui comparaît Gaston Rolland est un

certain Dumolard, une des plus belles et odorantes fleurs de police produites par la génération des Bouchardon, des Mornet et des Léon Daudet. Le Dumolard à la gloire d'être, parmi les magistrats, ce qu'est le Fort Saint-Nicolas parmi les prisons.

L'officier interroge brutalement l'insoumis (misérable qui n'a pas voulu tuer !), le recéleur (monstre qui a nourri des affamés !), le faussaire (infâme qui, malgré la noble persécution de tant de gendarmes réguliers ou supplémentaires, n'a voulu devoir son pain qu'à un travail honorable !).

L'inculpé, sans vouloir seulement écouter les questions qu'on lui pose, déclare qu'il y a plus pressé que ses réponses. Il demeurera muet tant qu'on ne l'aura pas délivré des poux et de la gâle, dont l'a gratifié une administration vraiment trop généreuse. Offensé par l'insolence d'un homme qui, aux mains de la justice militaire, se croit encore des droits à la propreté, Dumolard, en manière de soins, le fait jeter en cellule, au secret.

Lorsque Gaston Rolland se trouve en état de répondre, il se manifeste le plus sincère, le plus direct, le moins chicaneur des hommes. Nul repli dans cette conscience, toute lumière ; nul détour dans cette parole, toute vérité. Ce qu'on lui reproche, il le reconnaît sans hésitation. Mais Dumolard veut autre chose.

Ce qui réjouit le cœur et l'ingéniosité à Dumolard, c'est de mêler paradoxalement l'Orléanais Armand à cette histoire marseillaise. Le groupe naïvement formé par la rencontre d'une pitié secourable et de plusieurs infortunes, il le veut, ce feuilletoniste, intentionnel, savamment organisé, créé et dirigé de loin par un chef qui, pour sa haine, est Armand.

Rolland s'irrite contre les mensonges que l'officier lui insinue, lui dicte, veut lui imposer, tente de lui attribuer, inscrit, malgré de vives protestations, dans les procès-verbaux, a la prétention de faire signer. L'honnête homme s'indigne de plus en plus. Parce que, en termes de moins en moins déguisés, on lui offre l'indulgence en échange d'une complicité. Il n'a jamais eu avec Armand aucun rapport d'aucune sorte : il répète bien haut, à chaque tentative de Dumolard, une vérité que Dumolard reçoit de plus en plus comme une gifle.

A l'audience publique, Gaston Rolland est aussi net qu'à l'instruction, et aussi courageux. Hélas ! oui, pour la honte des juges, l'honnêteté, devant eux, exige beaucoup de courage.

A Grenoble, Rolland n'a à répondre ni de l'insoumission, ni des faux et usages de faux. Grand stratège, l'officier instructeur a dissocié l'affaire.

Lorsque j'ai étudié l'affaire Armand, j'ai signalé un Dumolard qui refusait toute enquête, toute confrontation ; j'étais obligé de voir en lui le « type du juge instructeur qui refuse de s'instruire ». Aujourd'hui, pour Gaston Rolland qui avoue des faits clairs et patents, nous voyons le même Dumolard retarder le jugement et exiger un supplément d'instruction.

Pourquoi cette inégalité et ces caprices, cette impatience dans les ténèbres, cette lenteur dans la lumière ? Aurions-nous affaire à un fou ? Non, mais à un persécuteur aussi habile que méchant.

Il a deux haines à satisfaire. Il ne peut les rassasier ensemble.

La hâte de faire juger Armand dans les ténèbres, je l'ai expliquée : impossibilité, si l'on tarde, d'obtenir la condamnation. Chaque jour fait une brèche de clarté dans le savant édifice de brume construit par Dumolard. Dépêchons-nous avant que tout le brouillard soit dispersé. Et refusons les éclaircissements demandés par l'accusé. Le moindre d'entre eux détruirait des apparences que nos soins conservent péniblement.

Il ne resterait plus assez de spéciosité pour que les plus prévenus des juges, si militaires et patriotes qu'ils soient, osent condamner un homme qui ne pense pas comme eux, mais qui n'a commis aucune illégalité.

Gaston Rolland, c'est autre chose. Il est coupable aux yeux de la loi. Il le reconnaît. Il s'en glorifie. Rien ne presse avec celui-ci. On peut jouer de lui comme le chat joue de la souris : il n'échappera point à des griffes lentes et heureuses.

Mais il n'y a pas uniquement, dans la dissociation de l'affaire, un jeu cruel, une application savante de la torture par l'attente et l'incertitude ; il y a encore noble calcul et bien digne d'un Dumolard.

A côté d'Armand, chef, conseiller et mauvais génie des réfractaires de Marseille, les autres accusés doivent, à Grenoble, paraître des instruments à demi-conscients, des complices un peu aveugles et passifs. Pour qu'Armand soit condamné au maximum, il faut diminuer le rôle des comparses, leur consentir quelque indulgence. Arrangeons-nous donc pour que, à l'égard de Gaston Rolland que nous haïssons aussi, cette indulgence soit provisoire et apparente. Demain, devant un autre conseil de guerre, il fera, à son tour, figure de chef. Et nous enverrons contre lui des notes bien différentes de ce que nous aurons dit ici. Nécessairement. Puisque notre but sera différent. Un même mensonge ne peut servir à tout : sachons adapter nos paroles aux circonstances. La seule chose qui importe, c'est de frapper aussi fort que possible deux ennemis.

A Grenoble donc, Gaston Rolland répondra uniquement du recel de déserteurs.

« La séance — remarque-t-il — fut comique, et tragique parfois. »

Elle fut noble aussi et humaine, par l'attitude et les réponses de Gaston Rolland. Belle dans le moderne autant que les plus fiers et constants héroïsmes des martyrs devant les magistrats romains.

Le recéleur avoue, sans hésitation, le recel.

— Oui, j'ai abrité Bouchard, je l'ai caché, je l'ai nourri. Et j'en ai nourri, caché, abrité bien d'autres.

Il fait plus qu'avouer, il justifie, il glorifie son humanité. En pleine guerre, devant de misérables mécaniques qui remplacent conscience par discipline, un accusé, un persécuté, un menacé revendique pour lui et pour tous le droit d'asile. Dans ses lectures d'autodidacte, ce qui concerne cette noblesse aujourd'hui bafouée, a frappé son âme généreuse, est resté dans son esprit de clarté et de droiture. Il cite le Châteaubriand des *Martyrs*. Longuement, complaisamment, il cite le Hugo d'*Hernani* Comme on boit une liqueur de réconfort, il le traduit en son langage simple. Il fait dire au vieux Sylva : « Qu'importe qui que tu sois, Hernani, le rebelle, le maudit, le bandit, tu es mon hôte, et je te dois protéger. »

Nos officiers, là-haut, derrière la longue table, se regardent, clignent de l'œil et, presque librement, ricanent. Ce fou, tout de même, qui vient leur citer comme des autorités Châteaubriand et Hugo, péquins tarés de génie et d'indépendance, malheureux qui ne portaient point l'uniforme et qui ignoraient les deux joies humaines ; ramper devant des supérieurs, brimer des subordonnés...

Le fou continuait, ardent comme le cœur, dominateur comme la pensée :

— Lorsqu'un pauvre diable frappait à ma porte, je ne songeais guère à lui demander ses papiers et à l'interroger, avant d'ouvrir, sur sa situation légale. Faut-il tout dire ? J'étais particulièrement attendri et amical quand je rencontrais un homme persécuté par la puissance sociale et traqué pour refus de tuer. Mais cette émotion en suivait d'autres. Dans un homme qui souffre, je vois d'abord une souffrance à partager ou à faire cesser. Y a-t-il donc des gens qui, devant la douleur, songent à autre chose qu'à soulager ?...

Les galonnés souriaient de la question naïve. Et le président interrompait :

— Vous saviez, n'est-ce pas ? à quoi vous vous exposiez ?

— Je n'avais pas la lâcheté d'y penser. Est-ce que l'infirmier abandonne le blessé parce que des balles sifflent autour de lui ?

— Vous agissiez illégalement.

— J'agissais humainement. Quand un geste humain est illégal, tant pis pour la loi.

— Assez de paroles odieuses. Taisez-vous.

Mais Gaston Rolland ne se taisait point. Il reprenait dans un rire tout ensemble tendre et amer :

— Insoumis moi-même et abrité derrière un faux état civil, j'étais bien placé, vraiment, pour demander ses papiers à celui qui frappait à ma porte. Tout le monde n'est pas bon à faire un gendarme ou un policier. Je me récuse. Mon cœur parle plus haut, en moi, que tous vos codes. Quand un malheureux a besoin d'un morceau de pain et d'un coin où coucher, je lui donne une part de mon pain et un côté de ma maison Si vous trouvez que c'est mal, tant pis pour vous. Si vous me condamnez pour avoir commis les crimes de pitié et d'humanité, tant pis pour vous.

Ils le condamnèrent. Tant pis pour eux.

Ils condamnèrent avec une modération relative. Je ne dis pas : Tant mieux pour eux. Cette modération toute apparente, faisait partie, si l'on peut dire, de leur acharnement et de leur science malfaisante. Afin de frapper plus fort sur Armand, on feignait quelque indulgence envers Gaston Rolland. Indulgence railleuse, guetteuse et qui semble grogner : Rira bien qui rira le dernier ! Les trois ans de Gaston Rolland ne comptaient pas. C'était, comme on parle au Palais, peine accessoire. Sans être très versé dans les chinoiseries judiciaires et les sanglantes facéties, on sait généralement que les « peines accessoires » ne sont pas « afflictives » mais purement verbales et destinées à se confondre avec la peine principale. Dans la pensée de ses premiers juges, c'est le conseil de guerre de Marseille qui ne frappera plus en l'air, mais écrasera l'accusé. A Grenoble, on n'a pas le droit de tirer sur cette pièce réservée. On se rattrape sur Armand, que l'on condamne au maximum. Gaston Rolland est un gibier qu'on rabat aimablement vers des camarades.

Le gibier fera un écart et ira tomber sous des chasseurs imprévus.

Trop longtemps soigné par les méthodes à [illegible]lard, Gaston Rolland doit, après la séance, être transporté à l'hôpital. A demi rétabli, il s'évade, cherche un refuge à Paris, est arrêté de nouveau. C'est le quatrième conseil de guerre permanent du Gouvernement militaire de Paris qui aura enfin — 19 juillet 1918 — le plaisir de le juger — si j'ose cet adverbe — sérieusement.

On l'accuse ici d'insoumission, de faux et d'usage de faux.

A Paris comme à Grenoble, Gaston Rolland reconnait les faits et dédaigne de chicaner sur le détail.

Il dit son passé, tout de travail et de probité. Sans la guerre, il aurait le plus blanc des casiers judiciaires. Tous ses patrons lui ont délivré des certificats, non point banalement élogieux, mais qui vantent un ouvrier d'élite en même temps qu'une infaillible honnêteté. Ceux qui l'ont employé à Marseille sont trop haut placés pour qu'il soit facile de mépriser leur opinion. L'un est conseiller municipal ; un autre est le premier joaillier de la grande ville ; le troisième est le plus important fabricant de bijoux-or de toute la France.

— Je ne vois pas — ricane le président du conseil de guerre — en quoi votre habileté technique et vos vertus civiles justifient votre insoumission... Du moins, vous en repentez-vous ?

Et on place lâchement l'accusé entre une abdication de conscience et une condamnation sévère.

Gaston Rolland se redresse.

— De rien — s'écrie-t-il — je ne me repens de rien. Ce n'est pas par couardise ou par intérêt personnel que je suis insoumis. Si je l'avais voulu, ma connaissance de l'acier m'aurait ouvert les portes d'une usine. Mais je refuse de fabriquer des instruments d'assassinat aussi énergiquement que d'assassiner moi-même. Je suis insoumis par principes.

— Beaux principes ! s'exclame le militaire.

Mais Gaston Rolland, excité, continue. Il raconte l'éducation presque religieuse de son enfance. Il dit son émotion, la soudaine clarté faite en lui, sa voie définitive enfin découverte, le jour où il a lu le grand Tolstoï. Et il cite la Bible : « Tu ne tueras point. » Et il rappelle Jésus : « Quiconque frappera par l'épée périra par l'épée. » Et il affirme que l'humanité est supérieure à la patrie.

Le président secoue la tête, hausse les épaules. Il essaie de faire retirer par l'accusé des paroles qu'il déclare impies et monstrueuses. Il tente de l'effrayer de sa solitude intellectuelle et morale, lui affirme que nul autre aujourd'hui ne pense de façon aussi peu nationale.

Gaston Rolland secoue la tête comme le président, hausse les épaules comme le président, rit de pitié comme le président.

— Nul autre ? s'étonne-t-il. Si tous ceux qui ont contribué à m'éclairer étaient ici, vous jugeriez en même temps que moi, Anatole France, par exemple, et M. Clémenceau, président du Conseil.

— Je vous interdis d'injurier M. Clémenceau, ce grand citoyen.

— C'est vous, mon colonel, qui injuriez le passé de Clémenceau, penseur longtemps honorable.

Et l'accusé cite certaines phrases du *Grand Pan*, qui feraient honneur, en effet, à M. Clémenceau, si ce grand citoyen n'avait toujours été prêt à changer de philosophie et de langage, selon qu'il se trouve de l'un ou « de l'autre côté de la barricade ».

Gaston Rolland déclare enfin :

— En Angleterre, où le cas de conscience est admis, on me laisserait travailler en paix.

— Heureusement — conclut le président — nous ne sommes pas en Angleterre. Notre loi française est plus égale et plus patriotique.

— Plus inhumaine.

Mais on passe aux autres chefs d'accusation :

— N'avez-vous pas honte, vous qui nous présentez de si beaux certificats, d'être devenu un faussaire ?

— Honte pour qui ?... Pour votre loi, sans doute, qui me forçait au mensonge ou à la canaillerie.

— Que voulez-vous dire ?

— Sous cette loi française que vous vantez, comment peut vivre l'insoumis ?

— En se soumettant.

— ...Trois moyens s'offrent à lui : le vol, la prostitution de sa compagne, le tapage des camarades. Et un quatrième, celui que j'ai choisi : se procurer de faux papiers pour pouvoir travailler honorablement.

Chacune de ses paroles irrite les membres de la Grande Muette ; chaque cri de sa conscience étonne hostilement ces représentants de la discipline ; son courage fait rougir ces prétendus professionnels du courage ; sa bonté, son humanité indignent ces malheureux soldats. Ce n'est pas un accusé qu'ils vont juger, c'est un ennemi qu'ils vont frapper. Ils cogneront fort sur celui qui refuse de reculer ; ils écraseront une noblesse trop belle pour ne les point humilier. Quinze ans de travaux forcés ! (Ils seront, plus tard, commués en détention, réclusion, mais sans que la durée de la peine soit diminuée.)

Quinze ans ! Quand Bouchard avait été condamné à cinq ans. Encore dix ans devant Gaston Rolland, quand Bouchard est libre depuis longtemps

Bouchard, il est vrai, n'a jamais commis le crime de donner à manger à personne. Sa situation légale était pourtant plus grave que celle de Gaston Rolland. Dans les deux cas, faux et usage de faux. Ici, désertion ; là, insoumission. Et, en outre, chez Bouchard, intelligences avec l'ennemi. Pourquoi les juges frappent-ils trois fois plus fort celui que la loi considère comme moins coupable ?

Si les faits valent cinq ans, Gaston Rolland a donc dix ans de plus parce qu'il est l'homme qu'il est. Parce qu'il a refusé toute complicité dans les manœuvres d'un Dumolard ; parce que son insoumission vient de son humanité et de son courage, non d'une lâcheté et d'une peur de mourir ; parce qu'il s'est montré sincère et brave dans ses deux procès. Cinq ans pour avoir commis une illégalité ; dix ans de plus parce que vous êtes une conscience...

♣

Gaston Rolland n'est pas seulement un ouvrier d'élite, il est un bel artiste. J'en crois, entre autres, un grand bijoutier, M. Viaud, conseiller municipal à Marseille.

L'outillage allemand pour la frappe de la bague massive en une seule pièce est, paraît-il, supérieur à l'outillage français. Seul, Gaston Rolland, par des recherches obstinées, d'âpres travaux et d'ingénieuses trouvailles, avait réussi à faire mieux que les Allemands.

Lorsque, encore enfant, il dût commencer à se suffire, Gaston Rolland ignorait jusqu'aux premiers éléments du dessin. Sa journée finie, il en commençait une autre, une ardente journée d'étude qui se prolongeait fort avant dans la nuit. Cet apprenti, à force de volonté tenace, est devenu un maître et quelque chose de plus. Il est un dessinateur remarquable. Il est, d'après des témoignages compétents, l'homme de France qui connaît le mieux l'acier et les métaux précieux. Son four endormi est, depuis six ans, une perte grave pour l'industrie française.

Il y aurait à tirer un beau livre, et émouvant, de l'histoire des tentatives, des échecs, des recommencement, des succès, de cet ouvrier artiste luttant avec la matière et faisant parfois jaillir du combat une beauté à son image, nouveauté et chef-d'œuvre.

Car Gaston Rolland créait ses modèles. Imaginés, dessinés, gravés et frappés par lui, tels de ses bijoux après six ans, n'ont pas épuisé leur vogue. On me signale, parmi les plus connus, l'alliance à feuilles de lierre et la bague à marguerites.

Ce que nous aimons et admirons le plus en Gaston Rolland, c'est son courage et son humanité ; ce qui nous touche le plus profond, c'est son cœur facile à émouvoir, sa générosité pensée sur toutes les misères. Mais l'or qu'il donnait était — pour reprendre un mot de Musset — « deux fois sacré ». Avant d'être glorifié par l'usage qui en sera fait, le voici noble déjà de payer, avec un travail actuel et une science durement conquise, une merveilleuse ingéniosité de l'esprit et de la main. Les bijouteries ne me passionnent guère ; pourtant, dans ce domaine comme dans les autres, j'admire, avec un mélange de tendresse et de fierté, les créations et les réussites de l'homme.

Celui-ci est d'une noblesse multiple. Bernard de Palissy l'embrasserait comme un fils ; Vincent de Paul, comme un frère.

Il gagnait des journées de plus de cent francs. En 1916, c'était une somme. Quand on arrêta ce riche, il marchait dans des souliers percés, dans des vêtements usagés. Il se nourrissait de macaroni et de quelques légumes. Il ne buvait que de l'eau. Et toujours sans le sou. Et, régulièrement, des fins de semaines pénibles Tout son argent servait à secourir les autres.

A plusieurs reprises, j'ai conté ces choses en public. Chaque fois, ceux qui ont connu familièrement Gaston Rolland sont venus me déclarer :

— Vous n'avez pas dit la moitié de la vérité.

On me citait des traits. On m'expliquait la modestie et la douceur de ce bienfaisant. On ne me permettait pas d'ignorer dans le détail certaines laideurs que je devinais en gros et quelles ingratitudes créait parfois le bienfait. Elles ne le décourageaient point. Quelqu'un qui a vécu longtemps auprès de lui me raconte : « Je l'ai vu pleurer ; je ne l'ai jamais vu menacer ou injurier même les pires. » Ce témoin ajoute : « En vérité, Gaston est un saint. » Non, camarade, votre ami est plus et mieux qu'un saint. Il n'attendait rien de l'au-delà. Il multipliait des bienfaits dangereux qui ne lui seraient jamais payés nulle part et dont il savait qu'il serait écrasé un jour. Il est cette beauté inconnue des époques religieuses et bien rare dans tous les siècles : le martyr sans espérance.

Plus de cinq ans que ce vivant est séparé de la vie, que cet artiste créateur sent son cerveau souffrir de pléthore et ses mains oublier peu à peu son art, que ce bienfaisant est privé de toute occasion de faire le bien. Comment supporte-t-il tout cela ?

Physiquement, on le devine, celui qui, libre, ne s'endormait déjà qu'à force de drogues, voit, en prison, son état empirer chaque jour. A ne pas le délivrer promptement, nous risquons de porter sur notre conscience le meurtre d'un des meilleurs hommes d'aujourd'hui.

Moralement ?...

Ecoutez cet aveu. Gaston Rolland écrit à sa famille :

« Le silence du soir a quelque chose d'effrayant dans l'immense hall du dortoir. Voici l'heure, parfois soulageante, du recueillement ; l'heure souvent de la défaillance.

« Quel homme dans une position semblable à la mienne oserait dire qu'il ne l'a jamais connue ?

« Oui, je la connais. Oui, je l'ai sentie. Il m'a même semblé la voir, en fermant mes yeux humides, la pâle défaillance. Oui, il m'est arrivé de murmurer : « A quoi bon toutes ces souffrances ? »

Quelqu'un a dit : « Le brave n'est pas celui qui ne tombe jamais ; c'est celui qui se relève toujours. » Donnons-nous le réconfortant spectacle du brave qui se relève.

Il continue, ce prisonnier malade :

« J'entendais parler ainsi le sentiment égoïste. Mais un autre, plus pur, alimenté par la petite flamme de l'idéal, lui répondait : « Ce n'est pas pour rien que tu souffres. Rappelle-toi. Il y a des amis, des camarades, des inconnus aussi (eh ! ce sont des hommes comme les autres !) que tu as sauvés de la mort. Vois, ils respirent un air libre, ils travaillent, ils vont où ils veulent. Jouis de leur bonheur. Console-toi en songeant qu'ils sont nombreux. Console-toi aussi en songeant que ton *crime* ne fait aucune honte à l'humanité. »

Ah ! les fières et douces pensées dont ce douloureux berçait sa souffrance. Il se réjouissait de vivre, si l'on peut dire, par procuration. Et cela à l'époque où il se croyait négligé de tous : où les meilleurs de ses obligés étaient contraints de se cacher et de se taire ; où leur impuissance l'isolait ; où il se sentait perdu en un désert oublié.

Depuis que nous sommes quelques-uns à nous occuper de lui, écoutez comme sa vaillance, aussi touchante, devient plus ferme et plus égale.

« Je ne désespère plus jamais. Des voix audacieuses, des voix aimées, estimées, autorisées, se font entendre, dont l'écho vient vaguement à mes oreilles. Je suis toujours debout maintenant et il me semble que mon visage rayonne de joie.

« Quel bonheur de se savoir aimé même par des inconnus ! Désormais je supporterai tout avec vaillance. Et quel réconfort j'éprouve à savoir que des consciences parlent comme ma conscience !

« Merci ! Merci ! Dans le tumulte des sentiments qui m'agitent, je vous prie, mes biens chers, de transmettre à tous ceux qui luttent pour moi ce seul mot : Merci !

« Non, que ce mot ne soit pas seul. Dites-leur que leurs efforts m'encouragent, me sauvent, me rendent la force et le goût de vivre. »

Tous ceux qui négligeront de nous aider à réaliser l'espoir donné à un être aussi noble, aussi profond, ah ! non, je ne dirai pas mon mépris et mon dégoût tournés vers eux.

⁂

Quiconque ne pousse pas le respect du Code jusqu'à la folie voudra arracher cette proie magnifique et douloureuse à une loi vraiment trop inhumaine.

Les martyrs — dit saint Augustin — « ont forcé à rougir les lois qui condamnaient leur religion ». Les lois modernes ont-elles moins de pudeur ? Ou quelqu'un trouvera-t-il Gaston Rolland moins beau que le plus admirable des martyrs ?

Bons Français, ne supportez pas plus longtemps sur la France la honte d'une telle persécution. Trop de gens disent déjà : Né en Angleterre, Gaston Rolland eut été respecté. Cinq ans de prison pour punir ce héros d'humanité d'avoir eu la malchance de naître en France, c'est déjà trop pour le renom de la France. Cette détention, à se prolonger, ferait mépriser notre pays par toutes les raisons, par tous les cœurs, par toutes les consciences.

Un puritain m'a dit :

— Gaston Rolland a pris trop tard l'attitude du *conscientious objector*. Il s'est caché longtemps derrière un faux état civil. Je regrette qu'avant Gaston Rolland l'affronteur, il ait été Antonio Raspiol, sujet espagnol.

J'ai répondu au puritain :

— L'homme d'une telle objection manifeste une âme si héroïque et si pure qu'elle ne peut aimer et secourir que des héros. J'exige donc que vous aimiez deux fois Gaston Rolland et que vous combattiez pour lui avec tous vos moyens.

« Que notre amour pour les beautés souveraines rejette tout respect humain ; ne reculons pas, quand les grands mots sont exacts, devant les grands mots.

« Gaston Rolland est un héros. Mais il est trop richement, complexement, humainement héroïque pour la statuaire cornélienne. Il n'est pas une attitude et une immobilité. Il est un cœur en même temps qu'une raison et qu'un courage indomptable. Devant les deux conseils de guerre, quand il ne peut plus rien pour autrui, il dresse une dignité dont il sait qu'elle lui coûtera cher. Auparavant, infirmier qui soigne des blessés, il sacrifie les nécessités même de son caractère direct et net. Lui qui voudrait crier sa foi, il se tait et se cache derrière un abri, afin de continuer le plus longtemps possible sa miséricordieuse besogne. Sa maison est un asile pour trop de misères qu'il ne peut pas abandonner. Il doit gagner la vie de trop de malheureux. Oui, au besoin, il s'exilera en Espagne pour continuer à secourir les camarades, pour les aider à éviter la faim et les mains cruelles des gendarmes. La honte de se cacher, il l'accepte, cœur déchiré, puisqu'elle permet seule la joie et la gloire intérieure de sauver ses frères. »

Ceux qui sont disposés à défendre toutes les lois, je veux qu'ils deviennent aussi les amis et les collaborateurs de notre action. Bouchard, plus coupable légalement, fut condamné trois fois moins. Ceux qui se soucient de légalité protesteront donc contre l'injustice que constitue toute justice « inégale dans sa conduite ». Ce n'est pas un anarchiste que je cite, ni un philosophe ; c'est un évêque, et quel évêque !

Continuez d'écouter Bossuet :

« Si l'on ne marche d'un pas égal dans le chemin de la justice, ce qu'on fait même justement devient odieux. Par exemple, si un magistrat *n'exagère la rigueur des ordonnances que contre ceux qui lui déplaisent* ; si un bon droit lui paraît toujours embrouillé jusqu'à ce que le riche parle ; si le pauvre, quelque effort qu'il fasse, ne peut jamais se faire entendre et se voit malheureusement distingué d'avec le puissant dans un intérêt qu'ils ont commun : c'est en vain que ce magistrat se vante quelquefois d'avoir bien jugé. *L'inégalité de sa conduite fait que la justice n'avoue pas pour sien même ce qu'il fait selon les règles, elle a honte de ne lui servir que de prétexte* ; et jusqu'à ce qu'il devienne égal à tous, *la justice qu'il refuse à l'un convainc d'une manifeste partialité celle qu'il se glorifie de rendre à l'autre* (1). »

Ces paroles de Bossuet soufflètent, après les juges de Gaston Rolland, des gouvernants qui ne semblent guère pressés de réparer la criante forfaiture.

Le 12 septembre 1922, les juges militaires de Lyon (justes, ce jour-là) condamnent Henri Faure, pour avoir déserté en 1916, à cinq ans de prison et lui appliquent la loi de sursis. Sans sursis, Gaston Rolland a déjà fait plus de cinq ans. C'est assez, c'est trop.

Dans d'innombrables cas légalement aussi graves ou plus graves que le sien, des mesures dites de clémence sont intervenues. Dès que leur conduite sera moins inégale et arbitraire, Bossuet et moi féliciterons ceux qui les ont prises. Jusque-là nous leur reprochons cette haine de la beauté héroïque qui leur fait maintenir en prison Gaston Rolland. Ils se vengent, visiblement, de la supériorité de sa conscience. Qu'ils soient jugés par leur jugement, méprisés de tous pour leur négligeance volontaire et leur tenace oubli.

Sur les mesures de clémence auxquelles je fais allusion plus haut, je possède des notes abondantes dont je vais copier ou résumer les premières. Je n'ai relevé que des cas analogues à celui de Gaston Rolland, des cas où faux et usage de faux aggravent la désertion ou l'insoumission :

Cognet, 2e division d'infanterie, condamné le 8 août 1918 à vingt ans de travaux forcés. Peine commuée le 8 août 1920 en 8 ans de réclusion. Remise de 2 ans le 2 janvier 1922.

Chapelle, 42e division d'infanterie, condamné le 25 mai 1918 à vingt ans de travaux forcés. En juin 1920,

(1) Bossuet : *Sermon sur la Justice*, prêché à Saint-Germain, devant le roi, le 17 avril 1666 (premier point).

remise de sept ans. Le reste de la peine commué le 28 décembre 1921 en trois ans de réclusion.

Loppe, condamné le 17 octobre 1919 par le 2e conseil de guerre de Paris à cinq ans de travaux forcés. En décembre 1921, le reste de sa peine est commué en un an de prison.

Guillaneuf, condamné à dix ans de travaux forcés, voit, en novembre 1921, le reste de sa peine commué en deux ans de prison.

Guérin : dix ans de travaux forcés, commués en deux ans de prison.

Louvet : six ans de travaux forcés, commués en un an de prison.

Prout : sept ans de travaux forcés, libéré en juillet 1922.

Carlier : dix ans de travaux forcés, commués en prison en juin 1920. Libéré en 1922 après diminution de la durée de sa peine.

J'arrête cette énumération déjà aussi fastidieuse que probante.

Que les légalistes demandent maintenant au gouvernement : Pourquoi plus d'acharnement et de cruauté contre les meilleurs ?

Parmi les royalistes et les nationalistes les plus intégraux, j'exige que ceux qui ont une conscience deviennent nos alliés dans une action nécessaire à réhabiliter la France.

En juin dernier, si je ne me trompe, M. de Maricourt contait dans *Le Gaulois* une noble anecdote et, quelques jours plus tard, *L'Action Française* la reproduisait avec une légitime fierté.

On essaya de desservir le jeune Victor Hugo auprès de Louis XVIII. « On assura à Sa Majesté qu'il avait donné asile à l'un des contumaces condamnés à mort après la conspiration militaire de Saumur.

« — Vraiment ? répondit Louis XVIII. Eh ! bien, ce jeune homme se conduit en ceci avec honneur et c'est une des raisons pour lesquelles je lui donne la prochaine pension vacante. »

Le Gaulois, L'Action Française et moi sommes d'accord pour aimer « cette parole vraiment royale ».

Ne demandons pas aux rois moins généreux de notre République une pension pour Gaston Rolland. Mais les royalistes exigeront avec nous qu'on cesse de garder un homme en prison pour s'être, comme dit un roi, « conduit avec honneur ».

Le 9 avril 1922, après un article du *Journal du Peuple,* où j'avais fait une première et rapide allusion à l'affaire Gaston Rolland, le grand Romain Rolland m'écrivait : « Vous savez que je ne suis pas un « Rollandiste », mais je ne demande pas mieux que d'être un « Gastonrollandiste ». Dites-nous exactement ce qu'a fait ce pauvre homme. »

Maintenant que j'ai dit exactement les nobles crimes, nul, malgré la pitié que nous inspire tout prisonnier et tout malade, n'appellera Gaston Rolland un « pauvre homme ». Avec admiration, toutes les consciences sont « Gastonrollandistes ». Tant que nous n'avons pas réussi à enrichir de persuation et d'émotion actives assez de cœurs et d'esprits ; tant que nous n'avons pas obtenu la libération nécessaire : nous nous sentons pleins de honte, et c'est nous que nous appelons de « pauvres hommes ». Mais ceux qui, informés, refusent ou négligent de nous suivre, nous ne pouvons pas, même avec l'addition des plus humiliantes épithètes, continuer à les appeler des hommes. Ah ! les misérables bêtes d'incompréhension ou de lâcheté : ânes sourds ou chiens rampants...

⁂

J'ai un vieil ami de collège qui a « réussi », comme

il dit, et que j'appelle en riant « le camarade bourgeois ». Ses deux enfants (Raymond, 9 ans ; Alexandre, 11 ans) me demandent parfois de leur conter une histoire.

L'autre jour, après le commencement rituel « Il était une fois », je leur dis, — mais en éliminant avec soin tout ce qui permet de distinguer les caractères et les valeurs, — les aventures jumelles de Gaston Rolland et de Bouchard. Arrivé aux condamnations, j'interromps le récit pour poser une question :

— L'un des deux hommes a été condamné à quinze ans de travaux forcés ; l'autre, à cinq ans de prison. Lequel a cinq ans ? Lequel, quinze ans ?

Les enfants croient que je me moque :

— Tu demandes toujours des choses trop faciles. Quinze ans, tiens ! c'est pour celui qui a, comme tu dis, entretenu des intelligences avec l'ennemi.

Je rétablis la vérité. Longtemps, les enfants refusent de me croire. Quand ils voient que, vraiment non, je ne plaisante pas :

— Mais alors, — s'écrient-ils dans des sentiments mêlés et flottants où l'indignation grandit, où un peu d'incrédulité s'inquiète encore, — mais alors, c'est mal jugé !

Le père intervient :

— Ne soyez jamais si prompts, mes enfants, à condamner les juges. Notre malicieux ami n'a pas tout dit : il a expliqué les faits, il n'a tenu aucun compte des caractères et des précédents des deux hommes.

J'avoue en feignant une souriante confusion. Puis, sans indiquer les noms, j'obéis au désir du camarade bourgeois : j'expose et j'oppose les deux natures et les deux vies.

— Vous voyez, triomphe le père. Applaudissons deux fois les juges militaires, ces connaisseurs [illegible] hommes, ces justes appréciateurs. Ils ont eu bien raison d'être indulgents à ce noble Bouchard, si généreux, si fraternel, si rare artiste aussi, et de se montrer sévère envers...

J'éclate d'un rire douloureux et j'indique au camarade bourgeois qu'il s'égare complètement.

Alors les enfants s'affolent.

Le père les calme une fois de plus :

— Ne vous troublez pas ainsi, mes chéris. Il y a un gouvernement, et les grâces ou les amnisties servent à réparer de telles erreurs. Dès qu'on saura aux ministères et à la présidence...

Quelle honte m'a empêché d'interrompre la tirade optimiste ? Je n'ai pas osé dire aux enfants que, depuis longtemps, ministères et présidence ne veulent, comme on dit au régiment, rien savoir.

Crions assez nombreux et assez forts. Expliquons l'affaire à tous pour augmenter le nombre et l'ardeur de ceux qui réclament et qui protestent. Il y a un certain Alexandre et un certain Raymond qui se manifestent un peu sourds pour leur honneur. Forçons-les à entendre et ils finiront par comprendre aussi bien que les deux fils du camarade bourgeois (Raymond, 9 ans ; Alexandre, 11 ans).

HAN RYNER.

— 4. **Leur Patrie** 0 35

— 5. **La Morale Officielle... et l'Autre** 0 35

— 6. **La Femme** 0 35

— 7. **L'Enfant** 0 35

— 8. **Les Familles nombreuses** 0 35

— 9. **Les Métiers haïssables** 0 35

— 10. **Les Forces de la Révolution** 0 35

— 11. **Le Chambardement** 0 35

— 12. **La Véritable Rédemption** 0 35

GÉNOLD. — **Le Pourrissoir (La Grande Presse)** 0 25

— **L'Eglise et la Guerre** 0 75

GIRARD (André). — **Anarchie** 0 10

— **Anarchistes et Bandits** 0 10

GIRAULT (E.). — **A bas les Morts** 0 10

— **La Grève Générale-Révolution** 0 15

MOST (Jean). — **La Peste religieuse** .... *à paraître*

HAN RYNER. — **Une Conscience pendant la Guerre**. 0 10

HUREAU (Emile). — **La Faillite de la Politique** 0 20

KROPOTKINE (Pierre). — **L'Anarchie, sa Philosophie, son Idéal** .... 1 »

— **La Morale anarchiste** 0 30

— **Le Salariat** 0 25

— **Communisme et Anarchie** 0 20

— **Aux Jeunes Gens** 0 10

— **La Loi et l'Autorité** 0 10

— **L'Etat : son Rôle historique** .... *à paraître*

— **Les Prisons** .... —

— **L'Organisation de la Vindicte appelée Justice** .... —

— **L'Esprit de Révolte** .... —

LA BOÉTIE (Etienne de). — **La Servitude volontaire** 0 15

LAISANT (C.-A.). — **L'Education de demain** 0 10

— **L'Illusion parlementaire** 0 15

— **Contre les 3 Ans** 0 10

LÉVIEUX. — **Hommes libres, Policiers et Magistrats** 0 10

LORULOT (A.). — **Le Mensonge électoral** 0 05

— **La Justice et les Criminels** 0 05

MAHÉ (Anna). — **L'Hérédité et l'Education** 0 30

MALATESTA (Henri). — **Entre Paysans** 0 30

MATISSE. — **Les Ruines de l'Idée de Dieu** 1 50

MAURICIUS. — **La Blague du Suffrage universel** 0 05

— **Mon Anarchisme** 0 05

— **L'Apologie du Crime** 0 10

— **A bas l'Autorité** 0 20

— **Les Profiteurs de la Guerre** 0 30

— **Ce que j'aurais dit en Haute Cour** 0 60

MIRBEAU (Octave). — **La Grève des Electeurs** 0 10

MORAT (E.-D.). — **Pourquoi nous sommes antimilitaristes** 0 20

MYRIAL (Alexandra). — **Pour la Vie** 1 50

NETTLAU (Max). — **La Responsabilité et la Solidarité dans la lutte ouvrière** 0 10

PELLETIER (Madeleine). — **« In Anima vili » : Un Crime scientifique** 0 30

Pierrot (Marc). — Socialisme et Syndicalisme...... 0 10
Pouget (E.). — Le Sabotage...................... 1 »
— Le Surmenage (La Loi Taylor)................ 1 »
Reclus (Elisée). — Evolution et Révolution......... 0 20
— A mon Père le Paysan, suivi de Pourquoi nous sommes Révolutionnaires 0 20
Redan. — Les Criminels devant la Justice.......... 0 10
Rhillon. — Qu'est-ce que la Propriété? 0 15
Ritz (F.-O.). — Origines de la Vie................ 0 50
Rogatcheff (B.). — L'Idole et sa Morale. Etude éthico-sociologique........................ 0 50
Savoie. — Travail de Nuit dans les Boulangeries.... 0 10
Sautarel. — Le Pacte........................ 0 50
Simplice. — Les Conditions de travail dans la Société actuelle.................................... 0 10
Spencer (H.). — Le droit d'ignorer l'Etat........ *à paraître*
Tcherkesoff (W.). — Pages d'histoire socialiste.... 0 25
Thonar (G.). — Ce que veulent les Anarchistes....... 0 10
Vermesch (Eug.). — Les Incendiaires............... 0 10
Vernet (Madeleine). — Le Problème de l'Alcoolisme. 0 10
— L'Amour libre 0 10
Compte rendu du Congrès anarchiste international d'Amsterdam, par Amédée Dunois................ 1 »

Tous les prix des brochures s'entendent franco de port.
Bonification de 10 0/0 pour toute commande atteignant 10 fr.
Remise de 20 0/0 pour toute commande atteignant 25 fr.

BIBLIOTHEQUE DOCUMENTAIRE

Tous ceux qui exècrent la Guerre;
Tous ceux qui ont la haine du Militarisme,
doivent lire :

Guerre et Militarisme. Edition populaire, *franco*.... 3 50
— — Belle édition sur papier glacé. 9 »
Patriotisme et Colonisation. Edition populaire, *franco* 3 50
— — Belle édition, au lieu de 9 fr. 6 50

Recueils de tout ce que les écrivains les plus en vue, de toutes les époques, ont écrit contre la *Guerre* et tous les maux qu'elle engendre.

Belle édition sur papier glacé, avec illustrations de Luce, Hermann-Paul, Steinlen, etc., etc.

Abonnez-vous à *La Brochure Mensuelle* et vous recevrez tous les mois, pendant un an, 3 brochures de 32 pages, ou 6 brochures de 24 pages, ou 10 brochures de 16 pages (2 titres) ou 20 brochures de 8 pages (2, 3 ou 4 titres). — Prix, 6 fr. - Six mois, 3 fr.

Abonnement d'essai : Un exemplaire chaque mois. Prix, 1.50

Renseignez-vous sur les avantages accordés aux abonnés

Imprimerie spéciale de *La Brochure Mensuelle*, 39, rue de Bretagne.
Le Gérant : [illegible]

www.ingramcontent.com/pod-product-compliance
Lightning Source LLC
LaVergne TN
LVHW010309230826
846091LV00007BB/2796

9782329204574